QUEDARÁ MI RECUERDO

Biografía del Amor

POEMARIO

Por

| Ana María Roldán Fuentes |

Copyright © 2024 Ana María Roldán Fuentes

Título: QUEDARÁ MI RECUERDO
Sub Titulo: Biografía del Amor

Dimensión: 132 p.; 15,24 x 22,86 cm

ISBN: 9798304649506

Edición, diseño y diagramación:
Escuela de Autores
Fort Myers, Florida, 33905, U.S.A.
info@escueladeautores.com
✉ 13057078850
✆ (305)707-8850

TODOS LOS DERECHOS RESERVADOS
Cualquier parte de este libro puede ser reproducida o almacenada en cualquier sistema electrónico, mecánico, de fotocopiado, de almacenamiento en memoria o cualquier otro, o transmitida de cualquier forma o por cualquier medio.
SOLO CON EL PERMISO EXPRESO DEL AUTOR.

Dedico este Poemario a las personas que me han amado a pesar de mis defectos: mi esposo, mis hijos, mis familiares y amigos. Deseo que, a través de los sentimientos expresados en cada poema, puedan conocerme un poco más, disfrutar de su lectura, identificarse con mis escritos y dedicárselos a sus seres amados. Quiero que atesoren el mensaje de cada poema.

Recuerden lo poderoso y fuerte que es el Amor.

ÍNDICE

INTRODUCCIÓN 11

QUÉ ES LA POESÍA? 13

CAPÍTULO I: CONMIGO MISMA 15
- PARA TI 16
- NOSTALGIA 18
- NIÑA BONITA 19
- LA NIÑA DE RIZOS CASTAÑOS 20
- PERLA 21
- QUISIERA 22
- REGALO DE DIOS 23
- SOLO UNA SONRISA 24
- UN POEMA TRISTE 25
- SEÑORA 26
- A MI MADRE 27
- DULCE MIRADA 28
- AL SEMBRADOR 29
- AMIGA 31
- TE RECORDARÉ 33

CAPÍTULO II: EL AMOR ME RESCATÓ 35
- EL AMOR 36
- CUANDO ME LLEGÓ TU AMOR 37
- TODO ES MÍO 38
- CANTO A MI TIERRA 39
- DEBAJO DEL CIELO 41
- ARREPENTIMIENTO 43
- DÉJAME SER, SEÑOR 44
- DIOS MÍO 45
- SOLO DIOS 46
- GRACIAS, SEÑOR 47

CAPÍTULO III: LA ESPERANZA 49
- ALBORADA 50
- EL ARCOÍRIS 51
- NO SÉ… 52
- NECESITO DE TU AMOR 53
- EL REGRESO DEL AMOR 55

NUEVO AMANECER 56
HE REGRESADO 57
HE VUELTO A TI 59
DETRÁS DEL DOLOR 60

CAPÍTULO IV: DESAMOR **63**
AL RECORDARTE 64
PASAN LOS AÑOS 65
OLA AJENA 66
DE HINOJOS 67
EN EL MISMO LUGAR 68
NO ME QUEDA NADA 69
ME QUEDAN LOS SILENCIOS 70
UNA VEZ MÁS 71
YA NO TE ESPERO 73
SOLO UN SEGUNDO 74
CALLARÉ, MI CORAZÓN 75
LA DESPEDIDA 76
ADIÓS 78
PÓSTUMO RECUERDO 79
POEMA DEL ADIÓS 80

CAPÍTULO V: EL MISTERIO DEL AMOR **83**
ME VOY AHORA 84
DESDE ADENTRO 85
DEBAJO DE MI PIEL 86
A TU MANERA 87
¡LEVÁNTATE! 88
DESPUÉS DE LA ESPERA 89
YO QUISIERA 90
VÍSTEME DE AÑORANZAS 91
USTED 92
SIN PODER OLVIDAR 94
LA QUE OLVIDA 95
NO PUEDO CALLAR 96
LOCA ESPERANZA 97
LOCURA DE AMARTE 98
HE CALLADO 99
EL AMOR QUE VENCE 101
DESPUÉS DE HABERTE AMADO 102
ÉXTASIS SUPREMO 103
LA PENA NO EXISTE 104
AMOR INOLVIDABLE 105

AMOR PROHIBIDO 106
MAÑANA 107

CAPÍTULO VI: LA ENTREGA 109
VOLVERÁS 110
DULCE CANCIÓN 111
EL CANTO DEL RÍO 112
AMARGA PENA MIA 113
DULCE SUEÑO 114
CUANDO LLEGA EL OLVIDO 115
SOÑAR 116

CAPÍTULO VII: LOS RECUERDOS 117
QUEDARÁ MI RECUERDO 118
YA SE ESCUCHA EL SILENCIO 119
ATRAPADA 121
SOLO ME QUEDA 122
PARA MÍ NO SALDRÁ EL SOL 123
MI PROMESA 124
ETERNIDAD 125
EN UNA CANCIÓN 126
ETERNO RAYO DE SOL 127
YA TE HAS IDO 128
ASÍ... SENCILLAMENTE 129
POEMA DEL RETORNO 130
RECUÉRDAME CUANDO YA NO ESTÉ 131

INTRODUCCIÓN

"Quedará mi recuerdo" es un poemario en el que expreso, a través de poemas, cómo el amor se va desarrollando en las personas, cómo se viven las emociones entre los individuos: parejas, hijos, madres, padres, amigos y familiares.

Cada capítulo está creado para que el lector se vea reflejado en los versos de los poemas, para que pueda hacerlos suyos y sentir las emociones más sublimes producidas por el amor.

A través de estos poemas podrá disfrutar de una exposición real y explícita de los sufrimientos y las alegrías que causa el amor. Cada capítulo ofrecerá al lector una expresión del amor con la que podrá identificarse, haciéndole sentir en cada verso, en cada estrofa.

Conocerá lo que se siente con el verdadero amor, el amor traicionero, el amor filial y el amor a Dios.

¿QUÉ ES LA POESÍA?

Una poesía es un canto que llevamos en el pecho,
unas líneas, unos versos, que, llenos de inspiración,
le cantarán a la vida, a la muerte o cantarán al amor,
a la pena, a la aflicción, a la risa, a la alegría, a la patria,
a las madres, a los hijos. Es un llanto, una emoción,
y se dice en cada verso lo que dice el corazón.

Una poesía es mirar dentro de un alma dolida,
es hurgar en una herida que llevamos muy dentro.
Es caminar al encuentro de una persona querida
por un camino tortuoso, lleno de abrojos y espinas.
Y nos secamos el llanto con el alma aún dolida,
escribiendo en la muerte un lúgubre verso a la vida.

Una poesía es un hijo que se lleva en las entrañas,
es una pena que nos destroza como garras en la noche.
Es amar, también odiar a ese hombre que te engaña,
es callar, quedo, en silencio, la amargura de un reproche.
Y nos llega la poesía en el susurro del viento en la rama,
con un mensaje de amor que a veces desgarra el alma.

Una poesía es cantarle al llanto como al amor.
Una poesía es quererte, una poesía es odiarte;
en un verso vuelvo a amarte, vuelvo a cantar al amor,
como le canta el ruiseñor a la ave que ama.
Y me convierto en poeta, cantando con emoción
cuando veo un rayo de sol que entra por la ventana.

Una poesía es el éxtasis de esa entrega deseada,
la hermosura de una rosa que se luce en primavera.
Es un sueño, una quimera, es la risa, es la alegría,
es un llanto, una sonrisa, una pena, una canción.
Es el amor hecho verso, que nos aflora a los labios,
y es un beso el poema que nos sale del corazón.

***

CAPÍTULO I:

CONMIGO MISMA

En la penumbra de mi aposento, atrapada en mis recuerdos,
camino bajo la lluvia y, de repente, siento que me envuelve un torbellino
y me encuentro frente al mar, con los pies dentro del agua siendo
acariciados por el vaivén de las olas al morir en la orilla.
Necesitaba estar sola, conmigo misma.
Aquí estoy, frente al mar, lo necesitaba
El refrigerio del agua mojando mis pies,
que se hunden en la arena mojada,
me trae memorias olvidadas.

PARA TI

Para ti, mis pensamientos, mi mente y mi razón.
Todo mi ser, yo te entrego y lo hago por amor.
Para ti, mi inocencia, mis sueños y mis quimeras,
la cálida tonada que en mi pecho está escrita,
ese canto sublime de una hermosa canción.

Para ti, este poema que me sale del alma
con el profundo anhelo que inspira una ilusión.
Para ti, este lamento de mi alma dolida;
para ti, estos versos donde te entrego mi vida
y, en cada estrofa, entrego todo mi corazón.

Para ti, este poema que surge de mis penas.
Para ti, estos versos que nacen de mi amor.
Para ti, mis caricias, de mi amor las primeras;
para ti, mi ternura, para ti, mi pasión.
Para ti, la llama que me quema por dentro,
este fuego que abrasa, este fuego de amor.

Para ti, el tesoro de mi vientre dormido,
para ti, mis abrazos y todo mi corazón.
Para ti, la sentida estrofa de esta canción de amor,
la corona de rosas y las flores de ilusión otoñal.
Para ti, la concha de nácar, donde guardo celosa
el tesoro escondido de mi cuerpo virginal.

NOSTALGIA

Unas manitas tibias me acarician el rostro
en las noches heladas de este extraño país.
Pero esas manitas son tan solo soñadas,
porque tus manitas están muy lejos de mí.

Una sonrisa tuya me devuelve la alegría
en las tristes tardes que paso yo sin ti.
Pero es solo el recuerdo lo que llena mi alma,
es el recuerdo que llevo en mi mente de ti.

Una vocecita dulce parece repicar en mi oído
cuando extasiada contemplo el cenit.
Más cuando te busco, solo hallo el vacío,
pues, tu voz yo la escucho, pero dentro de mí.

Cuando cierro los ojos, evoco tu carita
como si fuese algo que me ayude a vivir,
y me duermo pensando que, en cada mañana,
sentiré tus manitas acariciándome a mí.

NIÑA BONITA

Te he visto crecer cada día. ¡Oh, mi niña bonita!
Menuda y delgada, como espiga en el huerto.
He visto tus manitas abrazar los anhelos,
he secado tus llantos y he velado tu sueño.

He visto el destello de amor en tu linda sonrisa
y en tu mirar ingenuo, el anhelar sin prisa.
¡Oh, mi niña bonita! Que busca en el horizonte
las metas deseadas, soñando en el mañana.

Ve despacio al hacerlo, tu sendero de rosas llenaré
mientras caminas firme; tus pasos, yo guiaré.
No quiero que el llanto te opaque la ilusión
ni que ninguna tristeza hiera tu joven corazón.

He visto tu mirada triste perderse en la lejanía;
una y mil ilusiones navegan en tus anhelos.
Despertarás a la vida llena de mil temores.
Yo quiero protegerte. ¡Oh, mi niña pequeña!
Acurrucarte quiero a mi pecho, apretada,
besarte los lindos ojos y perderme en tu mirada.

LA NIÑA DE RIZOS CASTAÑOS

¡Qué linda luce la niña con su traje almidonado,
camino de la capilla, un domingo en la mañana!
Va luciendo en su pelo un capullo de amapola
que prendiera con deleite en sus rizos perfumados.

Su traje blanco de seda, con cinturón entallado,
se mueve al compás del ritmo indolente de sus pasos,
y su rostro sonriente, con mejilla arrebolada,
se ruboriza con el piropo de algún enamorado.

¡Qué linda luce la niña con su traje almidonado,
la de la flor en el pelo, de rizos color castaño,
camino de la capilla, un domingo en la mañana,
con la quieta hermosura de su rostro arrebolado!

Después de la confesión que hizo a Dios de pecados,
se arrodilló en el altar con una Biblia en la mano,
y arrancando con presteza la amapola de su pelo,
seca una lágrima rebelde que de sus ojos ha brotado.

PERLA

Yo me había mirado en el resplandor de tus ojos,
te quise desde entonces, porque de ti me enamoré,
y hurgué en tu mirada, y compartí tu bella sonrisa.
En el calor de tu pecho, bien cerca del corazón,
tuve el más bello sueño, que se convirtió en canción.

Niña, te amo desde hace tiempo, te llevo en mi corazón,
me he mirado en tus ojos, me alumbra su resplandor.
He caminado a tu lado por la senda de los sueños,
y has caminado sin prisas por el camino del bien.
Que sepas lo que es amar, amar sin mirar a quién.

Yo seguiré, siempre soñándote, ingenua y hermosa,
quiero así, verte crecer y alcanzar las metas deseadas,
aquellas que en tus sueños y anhelos han sido forjadas.
Perderme en tu risa quisiera en cada mañana
y al atardecer, pero ya no siendo una niña,
sino como toda una mujer.

QUISIERA

A veces miro tu apacible sonrisa,
cuando se muere en tus lindos ojos,
y es mi anhelo convertir en alegría
la honda tristeza que en ellos noto.

¡Niña, oh, niña mía! En tu mirada
veo la tristeza de los años mozos.
Llenarte yo quisiera de felicidad
y borrar la pena de tus lindos ojos.

Pondría en tu boca una alegre sonrisa
y una alegre melodía en tu corazón,
para que tu vida se llene de dicha
y late en tu pecho siempre la ilusión.

REGALO DE DIOS

Te vi, como en un sueño
que de pronto se borró,
más el destello de tu mirada
en mí, por siempre quedó.

¡Qué bonitos tus ojitos!
Los recuerdo, sí, señor,
claros y resplandecientes
son los ojos del amor.

Tu sonrisa emocionada,
desplegada con candor,
se dibujaba en tu rostro
como se abre una flor.

¡Qué linda es tu boquita!
La que Dios te regaló;
eres un regalo divino,
el más bello regalo de Dios.

SOLO UNA SONRISA

¿Cuánto diera, por una mirada de tus lindos ojos,
de tus labios rojos, una sonrisa dedicada a mí?
Por una caricia de tus tiernas manos,
todo lo daría, por besarte a ti.

¿Cuánto diera, este poeta enamorado,
por una sonrisa de tus labios poseer?
¿Cuánto diera, por tenerte siempre a mi lado,
de mañana a noche y en el atardecer?

Tal vez, diera un mundo lleno de bellezas,
quizás un gran tesoro de perla y rubí.
Por una mirada de tus lindos ojos,
todo lo que tengo, lo daría, por besarte a ti.

Tal vez, diera un libro con bellos poemas,
dedicados todos a elogiarte a ti.
Muchachita linda, mírame de hinojos
y dame una sonrisa, dedicada a mí.

UN POEMA TRISTE

Un poema triste, te dedico, niña,
porque muy lejos me encuentro de ti,
y cuando contemplo, lejos la campiña,
se nublan mis ojos y lloro por ti.

Unos versos tristes, componen la estrofa
que hoy dedico, solo para ti;
lleva la fragancia de un ramo de rosas
y la sutil pureza de un blanco jazmín.

Estas líneas llevan la ansiedad de verte,
ansias infinitas, como ansias de vivir,
y es que quisiera bien cerca tenerte,
pues solo a tu lado yo sé sonreír.

El poema es triste, lleva mi amargura,
en cada estrofa lleva parte de mi dolor.
¡Ay, si pudiera, mi niña, tenerte conmigo!
¡Qué alegre sería este triste poema de amor!

SEÑORA

¡Señora, he de quererla por siempre!
Usted, tan hermosa, tan dulce, tan buena.
Se merece usted, todo mi cariño,
linda mujercita de virtudes llena.

He de besar su frente cansada
cuando se aleje de las diarias faenas;
susurrando bajito mil cosas,
con las que mitigue su llanto y sus penas.

He de cantarle una nana que la duerma
y la despertaré con una melodía mañanera.
¡Señora, he de quererla por siempre!
¡Déjeme, tan solo, que la quiera!

A MI MADRE

¡Cómo quiero a esa mujer!
que me tuvo en su regazo,
que me cuidó con desvelo
y me acurrucó en sus brazos.

¡Cómo quiero a esa mujer!
de ella aprendí lo bueno,
ella me cargó en su vientre
y me amamantó en su seno.

¡Cómo quiero a esa mujer!
de rostro terso y moreno,
la de la quieta sonrisa,
la del mirar dulce y sereno.

¡Cómo quiero a esa mujer!
¡Oh, Señor, cómo la quiero!
¡Cómo quiero a mi madre!
¡Oh, Señor, cómo la quiero!

DULCE MIRADA

Apenas, tras el cansancio,
te llegó el sueño eterno
y se cerraron tus ojos;
más, en la casa cerrada,
tu alma sigue viviendo.

Y se aspira tu perfume
en la yerta y blanca almohada.
Y se escucha quieta tu risa,
como antes, en cada alborada.

El eco cantarín de tu voz
resuena por lo bajo, en cada esquina,
en la brisa fría de la mañana,
y te recuerdo, Madre querida.

Sentada en la mecedora,
sonriendo a la tarde emocionada,
y se me nublan de llanto los ojos
cuando evoco tu dulce mirada.

AL SEMBRADOR

Evoqué tu figura fuerte y erguida
cuando madrugabas, allá en la finquita,
y de sol a sol, labrabas la tierra
hasta extraerle su savia bendita.

Cuando tus manos fuertes y duras
desbarataban terrones, apartando pedruscos,
preparando la tierra para regar la semilla,
esperando recibir de ella el bendito fruto.

Tu figura se doblaba hasta la tierra,
escarbando y arrancando la mala hierba,
limpiando los surcos, abriendo eras,
soportando el frío de la madrugada.

Recuerdo tu risa, el gesto de arrugar la nariz
con gesto de desaliento ante la lluvia y el viento;
para luego distenderse en una mueca cansada
al caer la noche, único rato de esparcimiento.

Ahora estás cansado, muchos años más viejo,
el brillo alegre de tus ojos ya no es tan intenso.
Se encorva tu espalda sin inclinarte siquiera
y tus pies se dejan arrastrar por el peso.

Te evoco mirando la finquita en el horizonte,
ya no está sembrada, ya no hay hortalizas,
y de tus ojos desciende una lágrima furtiva
que muere en la comisura de tu triste sonrisa.

AMIGA

He caminado mil senderos,
he viajado por mil caminos,
he conocido el amor,
he buscado mi destino.

He contemplado la aurora
en alboradas resplandecientes.
He contado las estrellas
en las noches más hermosas.

He hablado con mi Dios,
he llorado ante la luna.
He conocido muchas personas,
pero como tú, ninguna.

Amiga, eres un ser de luz
que va dejando tras su paso
una estela de ternura
en cada pequeño abrazo.

Aunque vaya por mil caminos
y vague por mil senderos,
nunca podría yo encontrar
un cariño más sincero.

Que nunca cese tu brillo,
ser de luz, tan maravilloso,
que halle el que venga a ti,
amor y para su alma, reposo.

TE RECORDARÉ

Aparte de tu sonrisa, recordaré tu mirada,
al evocar otra era, hablabas emocionada.

Tu caminar tan pausado por el pasillo superior
y el clap, clap de tus sandalias al pasar por mi salón.

Recordaré el sonido de tu voz entre las ramas
del cepillo y del quenepo, al llegar en las mañanas.

Recordaré tus silencios en las largas reuniones,
evocaré tu alegría al tararear las canciones.

Te recordaré, mi amiga, como recuerdo a mi madre,
con ese recuerdo eterno, de alguien incomparable.

CAPÍTULO II:

EL AMOR ME RESCATÓ

Quiero dejar atrás, todo lo que me lastima, lo que me duele.
Quiero caminar hacia el futuro con nuevas metas, con muchos sueños.
Quiero olvidar, quiero comenzar a vivir y ser feliz.
Caminé por senderos tortuosos, herida y lastimada
en lo más profundo de mi ser.
El amor me rescató.

Cuántas veces lloré amargamente, frustrada, decepcionada,
yo quería enajenarme del mundo. Pero en medio de este dolor,
en medio de la tristeza, llega Dios a mi vida y me abraza con su amor,
Él consuela mi sufrir. Puedo mirar dentro de mí, esta vez me perdono,
así, logro amar a otros. Miro a mi alrededor y siento el amor de Dios
en todo lo que me rodea. Gracias, Dios.

EL AMOR

El amor es como una planta
que crece en nuestros corazones,
que se va fortaleciendo y espiga
según nuestras actuaciones.

Cada persona lo cultiva
con mucho esmero y devoción,
a veces florece en versos
y otras veces en canción.

La caridad y la ternura,
el perdón y la bondad,
y si el amor se cultiva,
hermosos frutos dará.

Haz cual hizo el Redentor
que tuvo en su alma un rosal,
ofreció en la cruz su gran amor
en pétalos de sangre, para tu alma salvar.

CUANDO ME LLEGÓ TU AMOR

Llegaste a mi vida cuando en mí rayaba la aurora,
en la plenitud de mi vida, llegaste tú, mi amor,
y fue un hermoso destello el que marcó otro día,
como una llamarada, un intenso y cálido rayo de sol.

Abriste tus ojitos, como buscando mi presencia,
y una tierna sonrisa en tu boca se dibujó.
Me arrulló entonces, de tus ojos, una dulce mirada
y aquel brillo fulgurante de tus ojos, mi alma apresó.

Me sentí tan dueña de ti, pequeño ángel mío,
como alguien que obtiene lo que tanto deseó.
Déjame que te quiera, como te estoy queriendo,
como te estoy amando, con el alma y el corazón.

Te besaré quedito, cuando estés dormido,
yo velaré tu sueño con mucha devoción
y rayará otra aurora, cada nueva mañana,
como aquella alborada, cuando me llegó tu amor.

TODO ES MÍO

Mía es la mañana hermosa que me arrulla en el bohío,
las montañas y las flores, todo ese esplendor es mío.
Mía la vereda estrecha, que está camino del río,
mío el manantial en la gruta y el viejo mango, es mío.

Es mía la gran quebrada que recorre la gran llanura
y los árboles hermosos que se mecen con dulzura.
Mío el lindo cielo azul que me cobija cual techo,
mío el sol, mía la luna, mío todo lo que Dios ha hecho.

Es mía la cordillera y la fuente de agua cristalina,
mío el puente sobre el río y el roble que florece en la colina.
Mío el lago y la vertiente, también, mío el pájaro cantor,
esa ave mañanera que me arrulla con dulce canto de amor.

Es mía la melodía que susurra la brisa en mi ventana,
es mía toda la vida que empieza cada mañana.

CANTO A MI TIERRA

Un canto a la tierra mía, entona mi corazón.
Una hermosa melodía que llena de inspiración,
le lleva a la patria mía, mi voz llena de emoción.

Te canto, tierra hermosa, lugar donde nace el sol,
tierra de bellas mujeres, dulces diosas del amor.
Te canto, ¡oh, mi tierra amada!, como canta el ruiseñor.

El canto que te dedico, lleva la brisa entre el platanal
y allá se escucha, dentro del campo, el eco mío;
tu melodía, la que hoy te canto, Diosa del mar.

Borinquen, señora tierra, bella durmiente sobre la mar,
canto a tus cielos, canto a tus playas
y en mi cantar, canto a tus hombres apasionados,
canto a tus noches, como descienden
y luego se tienden sobre la mar.

DEBAJO DEL CIELO

Debajo del cielo está nuestro Dios,
lo puedes ver en el sol que brilla,
en la gota de rocío que moja las hojas,
en la hermosa lluvia vespertina,
en el agua que corre entre las rocas
y baja en la corriente pura y cristalina.

Debajo del cielo está nuestro Dios,
lo puedes ver en la sonrisa de un niño,
en la caricia sutil de alguien que te ama,
en ese tierno abrazo de consuelo,
en la luz que ilumina tenue tu alcoba,
en el pabilo que se consume en la llama.

Debajo del cielo está nuestro Dios,
sobre el cielo y en lo profundo del mar,
en la brisa fresca que el rostro nos acaricia,
en la tormenta, en el aire, en el vendaval,
en las flores, en las delicadas mariposas,
en la quieta belleza de una tarde otoñal.

Debajo del cielo está nuestro Dios
y dentro de ti, está dentro de tu corazón.
En las alboradas es quien llena tu alma,
poniendo en tus labios la sutil alabanza
que cantas con gozo al abrir tu boca,
para decir al mundo que Él es la esperanza.

ARREPENTIMIENTO

Ante tu altar, vengo arrepentido
a ofrecerte mi vida, acéptala, Señor.
Recógeme, cual mendigo a orillas del camino,
transfórmame a tu antojo; soy el barro, mi Dios.

Moldea mi figura, pecadora y vacía,
llénala de tu gracia; la copa soy, Señor,
que rebose tu gracia hasta el borde, Dios mío.
Cambia mi vida entera, Jesús mi Salvador.

Perdona mis pecados, hazme bueno, Señor,
toma mi vida entera, hazla nueva, mi Dios.
A tu altar vengo a ofrecerte mi alma,
está sucia, límpiala, Jesús mi Salvador.

Satúrame de gozo, lléname de tu amor,
seré lo que tú quieras, en tus manos estoy.
Arrepentido vengo a pedir de tu gracia,
a ofrecerte mi vida. Acéptala, Señor.

DÉJAME SER, SEÑOR

Déjame ser, Señor querido,
solo un rayo de sol en la mañana,
y así, llevaré tu mensaje cada día
al pasar mi calor por la ventana.

Déjame ser, Señor, una campana
que repique tu nombre en la campiña.
Déjame, pues, ser, un racimo de uvas
en la vid más prolífica de la viña.

Déjame ser, Señor, para tu gloria,
la música melancólica de un laúd;
llevaría en mí la melodía más hermosa
y escribir tu mensaje en cada memoria.

Déjame ser, Señor, lo que tú quieras,
que rebose mi copa de tu esencia.
Yo seré, Señor, lo que tú quieras
y que se llene de ti toda mi existencia.

DIOS MÍO

Dios mío, dame la fuerza
para levantarme cada mañana
con tu misma fortaleza
cuando raye el sol en mi ventana.

Dios mío, dame la sabiduría
para establecer las prioridades
como el sabio Salomón,
que en mentiras halló verdades.

Dios mío, dame la paz,
el espíritu de esa paz bienhechora.
Que sea yo, ese reflejo de ti,
el reflejo de tu paz redentora.

Dios mío, dame lo que me quieras dar,
que pueda emular tus enseñanzas y tu amor.
Quiero ser un ejemplo para otros
y saber amar, como tú amas al pecador.

SOLO DIOS

Solo Dios nos lleva hasta la cumbre
y luego, nos sostiene en ella al llegar.
Nos proveerá la fuerza y el empeño
para nuevos horizontes ir a conquistar.

Erguida la cabeza, mirando a la inmensidad,
con paso firme y seguro, persiguiendo un ideal,
dejando atrás el temor, el desgano y la pereza,
los más grandes sueños podremos realizar.

Solo Dios nos sostendrá si llegáramos a caer,
presto nos levantará, si nos viese desmayar;
guiará nuestros pasos hacia la meta forjada,
fijando nuestro rumbo, llegaremos a triunfar.

Y después del trayecto, al llegar a la meta allí,
nos fortalecerá con su amor y tesón;
nos coronará de gloria, nos dará la esperanza
y pondrá en nuestro pecho el amor y el perdón.

GRACIAS, SEÑOR

Gracias, Señor...
Por la sutil caricia que me das cada mañana,
cuando besa mi rostro el tímido rayo de sol
que entra por mi ventana.

Gracias, Señor...
Por la belleza sublime del ruiseñor en la rama,
por mis padres, por mis hijos, por el amor;
por el silencio, porque así, también nos hablas.

Gracias, Señor...
Por la sonrisa ufana de los niños al mirarme,
por el apretón ingenuo que me brindan
cada día cuando llego, al abrazarme.

Gracias, Señor…
Por la sangre derramada al morir en la cruz del Calvario,
pues, con ella me compraste, pagando por mí el precio más caro.
Para que mi alma se salvara, llevaste sobre ti mis pecados.

CAPÍTULO III:

LA ESPERANZA

Analicé mis opciones y hallé buenos amigos
que me abrazaron con su amor. La amistad, que es un lazo
de amor filial, une tan fuerte como la sangre.
Un amigo verdadero es como un hermano.
Cuando llega el amor al corazón, renace la esperanza,
renace la fe y renace la ilusión.

"...y ahora permanecen la fe, la esperanza y el amor."

1 Corintios 13:13

ALBORADA

Después de la aurora, llegará la noche,
canto de esperanza, canto de ilusión.
Se abrirán ventanas a una nueva vida,
en cada alborada, cuando salga el sol.

En cada mañana, se abrirá una rosa,
tras otra marchita, que muerta estará.
Florecerá el cardo, aunque tiene espinas,
florecerán los lirios, la flor del solaz.

Después de un día, vendrá otro día,
tras una mañana, la otra vendrá.
Un amor se muere en cada alborada,
y en un pecho ingenuo, otro nacerá.

Después de la noche, llegará la aurora,
repitiéndose igual, en cada alborear.
Así, como un beso, copia de otro beso,
sellará una boca sedienta de amar.

EL ARCOÍRIS

En el arcoíris está la voz de mis silencios;
en el color azul está la voz de mi alma,
en el rojo la voz de mis pasiones se levanta.
En el verde, el ansia de grandeza me posee,
el amarillo, que sutil y tierno me parece.

Y se elevan mis silencios por toda la inmensidad,
e irrumpen en gritos, quejidos y lamentos;
perdiéndose en el cielo azul tan majestuoso,
llenando de voces todo el firmamento.

Quedamente, el pensamiento se transforma
y admiro el futuro que se muestra en la distancia;
con el conjunto ideal de mis anhelos más soñados.
Entonces, vuelo a las alturas para tocar las nubes,
rodeada de ilusiones, de sueños y de esperanza.

NO SÉ...

No sé si soy en ti, como la brisa en la rama
que arrulla dulcemente cada hoja en la mañana,
o el viento que estremece los cimientos del árbol,
cuando enojado, fuertemente entre ellas brama.

No sé si soy, como el cáliz de la historia,
el que tomó Jesús, como preludio al Calvario,
cáliz de dolor, de angustias, de amarguras,
pero al final de la copa, el cáliz fue su gloria.

No sé si soy, como el gorrión en la arboleda,
de rama en rama, ansías de su vida aventurera,
pero que luego de su recorrido, regresa presto
a buscar el nido, que en alguna rama le espera.

No sé si tú eres el río, pero quiero acariciarte.
No sé si soy el murmullo del agua en la ribera,
quiero estar junto a ti, ser ese amor inolvidable.
Quiero ser esa única mujer a la que tú quieras.

NECESITO DE TU AMOR

Yo necesito de tu amor...
como el cielo necesita las estrellas,
como la playa necesita a la mar
que besa dulcemente sus arenas,
y la azota apasionada
cuando llega el vendaval.

Yo necesito de tu amor...
como las hojas necesitan del rocío.
Te necesito como el agua que baja en la corriente,
retozando entre las piedras de la orilla,
y en un murmullo opaco
pareciera oírla cantar.

Yo necesito de tu amor...
como el sol necesita de las nubes,
que se oculta juguetón detrás de ellas,
cuando la lluvia amenaza con caer,
y se apartan suavemente a su paso,
cuando el sol radiante quiere resplandecer.

Yo necesito de tu amor...
y necesito yo, abrigarte cada noche
cuando titilan las estrellas en el cielo,
cuando el río acaricia las riberas,
cuando el sol resplandece tras las nubes.
Yo necesito de tu amor...
necesito, simplemente, que me quieras.

EL REGRESO DEL AMOR

Me ha dolido el regreso, tanto como tu partida,
pero te abro la puerta, este es nuestro hogar;
estos son tus hijos, esta es tu casa.
Yo soy quien te ama, esto sí, es amar.

Es un amor dolido, pero es un amor sincero,
que no mira tus pecados, ni mira tampoco tu traición.
Te recibo en mi casa, porque aún te sigo amando,
fuiste como un fugitivo, que fuiste tras una ilusión.

No hallaste en el viaje tu destino y regresas a mi lado,
yo volveré a entregarte mi ternura y mi amor.
Aunque me desgarre el alma de tanto quererte,
y aunque parezca humillante, hoy te daré el perdón.

Compartiremos hasta el fondo el cáliz amargo,
del arcón lleno de recuerdos de este gran dolor;
del dolor de querernos por encima de todo,
con un amor que perdona y que no guarda rencor.

NUEVO AMANECER

Cuando tú te vayas, quedará el silencio,
el mismo silencio de todos los días,
la misma penumbra, la misma amargura,
la misma soledad de esta casa oscura.

Y un llanto sublime me llenará el alma,
que ha ido muriendo, de noche a mañana.
Lloraré la ausencia de ti que he tenido,
como ya he llorado este cruel olvido.

Cuando tú te vayas, si ya te habías ido,
en la soledad amarga de nuestro aposento,
se escuchará en la alcoba un eco burlón,
nuestro lecho estará vacío, muerta la ilusión.

Y esta pena honda será una esperanza,
como la alborada brilla en lontananza.
Amanece otro día, llegará otra mañana
y se abrirá ante mí una nueva ventana.

HE REGRESADO

Otra vez, he regresado y estoy ante tu puerta.
Soy un viajero perdido en una noche desierta,
vagando en la penumbra de una fuerte tormenta,
marcho sin tener destino, mi esperanza muerta.

Se escucha el bramido del mar, la resaca azotan fuerte
las olas, mi pequeña barca. Estoy naufragando,
arrecian los vientos, me arrastran los vientos,
mi barca se encalla.

Busco tu figura, busco una añoranza,
tu apoyo, tu esencia, tu lecho, tu almohada.
Otra vez, he regresado, estoy a tu puerta,
la puerta cerrada, mi esperanza muerta.

La noche se cierne sobre el mar dormido,
la bruma me cubre, me arropan las ondas.
El mar se estremece, va meciendo las olas,
me arrulla tu aroma, el aroma sutil de amapolas.

Yo vago perdida en la penumbra de la alcoba,
tu cuerpo dormido, imagino estando a tu puerta.
Pasó la tormenta, se ha calmado el viento,
la bonanza ha llegado, en el cielo brilla el sol
y mi esperanza muerta...

HE VUELTO A TI

He vuelto a ti, como vuelven las olas a la playa,
azotando las costas con el suave vaivén,
acariciando la blanca arena con el beso tierno de la espuma.

He vuelto a ti, cual neblina que se mueve en la bruma,
como el día que sucede a la noche misteriosa,
hermosa, con sus miles de luceros y estrellas,
que resplandecen en la oscuridad seductora.

He vuelto a ti, como el ave que retorna a su nido,
a cobijar sus crías, a buscar junto a ellos abrigo,
después de haber estado lejos, buscando alimento,
marchando sola por rumbos desconocidos.

He vuelto a ti y no quiero volver a irme.
He vuelto a ti, porque sabes que te quiero,
que eres lo más hermoso que he tenido,
que te quiero, como nunca te quise.
He vuelto a ti, no quiero lejos de ti morirme.

DETRÁS DEL DOLOR

Detrás de esta sonrisa
se esconde una amarga mueca.
La huella imborrable del dolor,
de esta terrible ausencia,
del dolor de yo quererte,
del dolor de que no me quieras.

Detrás de esta mirada
se esconde un amargo llanto.
La fuente de esta amargura
que quedó tras tu partida,
del dolor de yo quererte,
del dolor de amarte tanto.

Detrás de esta honda pena,
queda otra pena más honda.
La de saber que has marchado,
el saber que te he perdido.
Me queda el dolor de yo quererte
sin que jamás me hayas querido.

Detrás de este amargo dolor
de estarte amando sin medida,
el dolor de ansiarte cada noche.
Solo me queda una esperanza,
aunque vague, solitaria y perdida,
no dejaré de quererte mientras viva.

CAPÍTULO IV:

DESAMOR

Aquel torbellino que me llevó de aquí para allá, me envuelve, evoco momentos y llegan a mi mente los recuerdos, las ilusiones, los fracasos, los desengaños, el desamor.
Conocí el amor y sufrí, pero sin amor no se puede vivir.
Muchas veces se sufre amando.

AL RECORDARTE

Anoche me dormí con tu nombre en los labios,
soñé que tu boca me besaba con pasión,
sellando el pacto de amor incorruptible
con la llama sagrada del más puro amor.

Te tuve reposando, dormido en mi regazo,
asidas nuestras manos en un tierno apretón,
dibujada en tu rostro la más dulce ternura,
se llenó mi pecho de oleadas de ilusión.

Me despertó el cálido resbalar de una lágrima,
que de mis ojos cerrados, al parecer escapó.
Llanto quedo, de esta pena de amarte
que desgarra mi alma, transida de dolor.

¿Y cómo no llorar al recordar tu nombre?
Que tantas noches amargas, mi boca recitó.
¿Y cómo no sufrir al recordar tu ausencia?
La ausencia y la amargura, que tu amor me dejó.

PASAN LOS AÑOS

Han pasado los años inclementes,
con inquietudes nuevas y pasajeras.
Ha volado el tiempo rápidamente,
borrando mis sueños y mis quimeras.

Ya los días no parecen tan claros,
ni el sol, tan radiante y hermoso.
La noche, ya no es tan seductora
y una mueca por sonrisa esbozo.

Ni las estrellas tan rutilantes
tienen la misma antigua belleza,
al enviar sus tenues rayos de luz
por entre los árboles, en la maleza.

Han pasado los años, como un suspiro
y hay quien se detenga a esperar la muerte.
Seguirán pasando los años, indolentes,
y yo moriré con ansias de quererte.

OLA AJENA

Ola salada que me acaricias,
que besas mis tibias arenas,
que vienes de otros lugares.
No me mancilles, ola ajena.

Me seduces en cada vaivén
y de noche en la resaca.
Despiertas en mí el deseo
de poseerte, ola lejana.

De que tus aguas azules
se mezclen con mi arena
y saciar mi sed de amor
bajo la luz de la luna llena.

Al despertar, de mañana
estás besando mis playas
y yo, llena de febril deseo,
no quiero, ola ajena, que te vayas.

Mas tú, no eres dueña
y partirás en cada oleaje.
Yo me sentiré más sola
cuando la marea baje.

DE HINOJOS

He buscado en tus pupilas
aquel destello de ayer;
aquel brillo inusitado
que resplandecía en tus ojos
cuando, postrado de hinojos,
me confesabas tu querer.

Hoy, igual estás a mis pies,
confesando tu cariño,
rogando de mí el perdón.
Y llorando como un niño,
te abrazas a mi figura,
hablando con el corazón.

Si pudiera perdonarte,
es lo que más quisiera yo;
pero no olvido que me engañaste
de una forma vil y traicionera.
No podría volver a amarte,
solo me resta tratar de olvidarte.

EN EL MISMO LUGAR

Estoy aquí, en el mismo lugar
donde hace tiempo me dejaste.
Con el mismo dolor que me quema en el pecho,
con el mismo llanto que se quedó en mis ojos.

Aún, estoy de pie frente a la puerta;
veo tu silueta perderse a lo lejos.
El llanto corre suave por mi rostro,
y mi pecho poco a poco se agita;
mientras, muere en mi boca una triste sonrisa.

Han pasado mil noches eternas y yo,
aún sigo llorando;
en el mismo lugar, con el mismo dolor,
con la misma tristeza que se muere en mi triste sonrisa,
con esta misma amarga pena... recuerdo de tu amor.

NO ME QUEDA NADA

La soledad me rodea,
cercándome como una muralla,
esta cruel soledad, me lastima y me separa de todos,
hiriendo mil corazones, va destrozándome poco a poco.
A veces, lloro por lo bajo, otras grito desesperadamente,
siento que estoy sola y me rodea, alrededor, la gente.

¡Cómo no llorar cuando me sube el llanto a los ojos!
¡Cómo no llorar cuando el dolor te destroza el alma!
¡Cómo no llorar cuando el corazón, en cada tristeza,
en gruesos jirones se va desgarrando
y poco a poco el fuego se va apagando y al final no queda nada!

¿Cómo no irme muriendo en cada nueva mañana,
como muere la noche cuando el sol raya en el alba?
¿Cómo no irme muriendo cuando se ha perdido todo,
cuando tú, te hayas ido, te habrás llevado mi alma?

¡Cómo no llorar entonces, si me muero poco a poco,
si se va muriendo mi alma, si ya se ha apagado el fuego,
si ha muerto mi corazón, si se ha consumido la llama
y después de tanto amor, a mí no me queda nada!

ME QUEDAN LOS SILENCIOS

Después de la amargura, de aquellos años idos,
me quedan los silencios de las noches amargas,
los mutis y los réquiem que se le dan a los muertos.

¿Y acaso yo esté muerta, como aquellos recuerdos
a lo lejos del tiempo, muertos el amor y la pasión?
Todo se ha ido muriendo, quizás, todo está muerto.

Después de esta amargura queda otra pena honda
que me atormenta en las noches de mi vida solitaria.
La pena de seguirte queriendo, aunque parezca muerto,
nos quedan los recuerdos de aquello que fue nuestro.

¿Y acaso yo esté muerta? Mas te sigo soñando;
que es eterno este amor, de mi pecho no lo arranco;
y te sigo deseando cuando no estás a mi lado,
así, lentamente, yo voy muriendo a ratos.

UNA VEZ MÁS

Una vez más, me rodea un silencio tormentoso
y escucho voces lejanas, que parecen murmurar.
Yo me siento perdida en la cálida alborada,
como un náufrago barco, en el inmenso mar.

Una vez más, me estoy quedando sola, tan sola,
más que nunca; duele esta soledad
y yo, sigo perdida como un barco sin rumbo,
buscando un puerto amigo, donde poder llegar.

Una vez más, las olas me golpean de frente,
los vientos me azotan el rostro, al navegar.
Se me llenan los ojos de lágrimas dolosas
y no es solo el viento lo que me hace llorar.

Una vez más, lloro por el dolor que albergo,
muy dentro de mi pecho, hay un hondo penar;
tortura que me hunde en el mar cenagoso,
de donde, como un náufrago, no logro escapar.

Una vez más, la marea me arrastra sin rumbo,
buscando un nuevo derrotero, me he lanzado al mar.
El oleaje me lleva, de un puerto a otro puerto,
sin rumbo ni destino; me ahoga esta cruel soledad.

Una vez más, la vida me golpea incesante.
Una vez más, tambaleante tropiezo al caminar.
Intento levantarme, como en cada mañana;
me duelen las heridas, también al despertar.

Una vez más te pido, Señor, que en tu ternura
ruedes mi figura con destellos de amor.
¡Úngeme con tu gracia divina y redentora,
rescátame del mundo, Jesús, mi Salvador!

YA NO TE ESPERO

Fueron profundas las heridas
y, en cada una de ellas,
poco a poco, se me fue la vida.

Me fui muriendo en silencio
mientras, afuera, rugía la tormenta
y me azotaba el rostro un viento.

Me dolían las entrañas, enardecida,
ansiando volverte a besar,
y acariciar tus sienes encanecidas.

Pero, se te hizo muy tarde,
jugaste conmigo y mis sentimientos,
con aquel amor del que hiciste alarde.

Ahora, ya no te espero. Cada noche
sabrás que tampoco te guardo rencor;
de mí no escucharás un solo reproche.

Pero, ya no te quiero como ayer,
ni me duelen los recuerdos de nuestro amor.
No regreses, ya no te espero,
no tienes por qué volver.

SOLO UN SEGUNDO

Fuiste mío, antes de que en mí estuvieras
y te quise siempre, sin que tú me quisieras.
Fuiste mío, un segundo, y yo gocé de tu aliento,
y te quedaste en mí, hecho sutil pensamiento.

Fuiste mío un segundo, lo que dura la muerte,
y así me voy muriendo, de tan solo quererte.
Me duró el éxtasis, un solo suspiro, apenas
y así se me va la vida, llorando amargas penas.

Fuiste mío un instante, pero me pareció eterno,
un instante, casi nada, como una brizna al viento.
Pero, se me llenó el alma de cantos y de poemas,
y fue corta mi alegría, apenas unos momentos.

Te llevaste en los labios el dulce sabor de mis besos,
fuiste mío, un instante de pasión, loco embeleso.
Gusté yo de tu pasión y me llené de tu aliento.
Fuiste mío un segundo, en un sutil pensamiento.

CALLARÉ, MI CORAZÓN

Un adiós, no resuelve en este momento mi destino
y me duele abandonarte, como barco a la deriva.
No te dejo, porque no te amé como antes,
este amor que siento por ti, lo sentiré mientras viva.

Me voy y he de llorar esta ausencia tan temida,
pero es mejor cambiar de rumbo cuando es tiempo.
No quiero arrepentirme después de la derrota,
ya me cansé de llorar y de sufrir en silencio.

Forjaré sueños hermosos en otra almohada
tu calor, no me acariciará nunca más en el lecho.
Cerraré los ojos para no llorar, por lo bajo
y acallaré los gritos de mi corazón en el pecho

LA DESPEDIDA

Él cerró la puerta, fue la despedida
y me sequé el rostro después de llorar.
Me miré al espejo, toda confundida,
con deseos de muerte, no pude pensar.

Entregué mis labios con mucha amargura
el rictus de rabia, de mi boca, quise yo borrar,
pero hondo en mi pecho sangraba una herida,
contraje mi rostro y apreté mis ojos, para no llorar.

Recuerdo su espalda, erguido, cruzando el umbral,
serio, arrogante con un paso firme al caminar.
Mientras, yo, tendida aun en la almohada.
no quise; tampoco pude, nada replicar.

Mi mente estaba hecha un torbellino
miles de palabras, que nunca dije, quise yo gritar
Mis labios no se abrieron, es más, enmudecí
apreté mi pecho, me dolía el alma y comencé a llorar.

Mientras lo miraba, mucho más pensaba.
Todo lo que me debes, nunca, jamás me pagarás.
Marchas tras un sueño, tras una vulgar aventura
crees que la amas, qué pena, tú no sabes amar.

Yo sí que te he amado y a ti voy a renunciar
hundida en esta pena y con amargo llanto
con esta pena honda que me va destrozando
de ti me despido, y ten por seguro, te voy a olvidar.

Te vas, solo me queda un amargo quebranto,
no puedo negarlo, aún soy capaz de olvidar
Tus insultos y todos tus engaños, los perdonaría
si ante mí, de rodillas vinieras mi perdón a rogar.

ADIÓS

Tengo que decirte adiós irremisiblemente
y siento que se quiebra la voz en mi garganta.
Tengo que olvidar que te quise locamente
y aún no puedo arrancarte de mi alma.

Adiós, debo marcharme indiferente,
sin llorar ni lamentar por lo dejado atrás.
Debo volver el rostro, mirando hacia adelante,
renunciaré a tu amor, para no volver jamás.

Tendré que sepultar este amor para siempre,
en el olvido más cruel de una triste existencia,
aunque lo lleve muy dentro de mi alma,
como la hermosa flor lleva en ella su esencia.

Adiós, debo marchar indiferente,
como quien ya no quiere, ni quiso jamás.
Así, poco a poco, he de irte olvidando
hasta que de tu amor, en mí, no quede más.

PÓSTUMO RECUERDO

Un póstumo minuto dedico a tu recuerdo,
como quien en el camino se detiene indiferente,
pensando que fue en vano el largo recorrido
y seca, sin penurias, el sudor de su frente.

Una póstuma lágrima derramé por tu ausencia,
recuerdo de lo hermoso, lo triste y traicionero.
Seco está, triunfando ante el doloroso recuerdo
de un amor que pudo ser eterno y solo fue pasajero.

Si no te recordara, ni sintiera el calor de tus besos,
esa postrer lágrima, al recordar, quizás derramaría,
como una ofrenda de amor que a ti entregara,
producto del infecundo amor que te profeso.

POEMA DEL ADIÓS

Adiós, el navío parte otra vez,
más, ya no ha de regresar,
cuando suelta sus amarras,
se irá adentrando en el mar.

Adiós, y con sonrisas apagadas
quedan ellos en el puerto,
contemplan mi despedida,
pensando aún que no es cierto.

Adiós, se agitan las manos
y las lágrimas se asoman,
saben que marcho para siempre,
dejando a quienes me aman.

Adiós, le dije en silencio,
sus ojos en los míos se clavaron,
y al recordar nuestro amor,
con el llanto se anegaron.

Adiós, dije, y con mis ojos
lo vi a través de mi llanto,
¿Por qué me dejas marchar?
¿Por qué, si te quiero tanto?

El navío marchó mar adentro,
y allá en el puerto quedó él,
con la mano alzada en despedida,
deseando, quizás, volverme a ver.

CAPÍTULO V:

EL MISTERIO DEL AMOR

Vago en la penumbra, de pronto resplandece el sol
y llega un nuevo amanecer... llega el verdadero amor.
Como el ave fénix, resurjo de mis cenizas
y me levanto hacia el futuro, con nuevas metas,
muchos sueños y nuevos derroteros.

ME VOY AHORA

Me voy ahora, que no duele tanto, marcharme
que no me hiere recordar nuestro pasado,
aunque no pueda negar que te quise con locura,
ni pueda olvidar tus labios haber besado.

Me voy ahora, que es temprano en mi vida,
que tu amor no ha amanecido en mi noche.
Aunque no pueda negar que te quise con locura
y que al recordarte, el alma se me destroza.

Me voy ahora, que el amor no ha florecido,
que es tan solo un capullo esplendoroso.
Aunque no pueda negar que te quise con locura,
que no pueda dejar de llorar un adiós tan doloroso.

Me voy ahora, que me he jurado que voy a olvidarte,
después de haberte dado el derecho de amarme.
Aunque sufra con esta triste y amarga despedida,
me voy ahora, y sé que tú no vas a olvidarme.

DESDE ADENTRO

La voz de mis adentros grita,
mi mente se confunde y clamo,
no como un perdedor tras la carrera
más, como un ganador tras la victoria.

Y no es el triunfo toda la gloria,
ni es todo lo obtenido en el trayecto.
No es todo lo sufrido en la batalla,
es quizás todo lo llorado con el reto.

Y el grito demandante de mi voz es la razón
que estalla en mi cerebro; es el grito profundo del derecho,
es la voz interior de lo que quiero.

Más, nos queda la huella como estigma
después de la confrontación y la pelea;
el carimbo que nos marca como esclavos,
tras la libertad que nos quema como el fuego.

DEBAJO DE MI PIEL

Debajo de mi piel...
se esconde la ternura de aquellos años mozos,
el calor de la pasión de aquel pasado hermoso.

Debajo de mi piel...
se esconde aquel amor, igual que hace tanto,
tiemblo al sentir tus besos y me rindo a tu contacto.

Debajo de mi piel...
se esconde la dulzura de mi vientre endurecido
después de haberte amado y haber parido tus hijos.

Debajo de mi piel...
se esconde una mujer que siente y que padece,
que vibra cada noche cuando está languidece.

A TU MANERA

Tú me hiciste quererte a tu manera,
con ternura, con pasión y con locura.
Me envolviste en las redes de tu amor
y se tornó en día mi noche oscura.

En ti puse el cofre de mis sueños
y te amé, como se ama una quimera;
con toda la pasión y con toda la fuerza,
con toda la ilusión de una quinceañera.

Yo fui la mujer y tú fuiste el hombre,
ardimos juntos en la misma hoguera;
te deseé y te amé como ama esa hembra
que se entrega al amor por vez primera.

Yo era, antes de amarte, un sueño muerto
en busca de un lecho de rosas florecido,
y junto a ti, desperté enamorada
del amor de un largo sueño de ansias dormido.

¡LEVÁNTATE!

Ya se tiende la noche sobre mis lamentos,
no le canto a nadie, más le lloro al viento.

La noche se tiende abrumadora, sobre mis heridas,
y sangro a borbotones, siento que se me va la vida.

Estoy sola, sola caminando entre la densa bruma,
y poquito a poco, sutilmente, mi mundo se derrumba.

Me arrastro a duras penas entre los escombros,
de ir viviendo a ratos, de llantos tan hondos.

¡Levántate! ¡Levántate, alma, de esta cruel caída!
¡Levántate pronto, que siento que se me va la vida!

DESPUÉS DE LA ESPERA

Hoy, le digo adiós a la tristeza
y a los años de dolor que he vivido.
Hoy, tornaré mi llanto en sonrisas
y todo el pasado, hoy, lo olvido.

Me entregaré, sin pensar que te quise,
y viviré para amar a quien me ame;
olvidando que tú existes todavía
y no escucharé tu voz, cuando me llames.

Hoy, le digo adiós a la esperanza,
fiel compañera de mi larga espera.
Hoy, tomaré revancha de mis penas
y soñaré en brazos de alguien que me quiera.

Ya olvidé tu amor, eso, tenlo por seguro,
mi voz no repite en las noches tu nombre.
He cerrado mi memoria a tus recuerdos
y responderé al llamado de otro hombre.

YO QUISIERA

Yo quisiera darte mis suspiros
para que vuelva la ilusión perdida.
Yo quisiera darte mis suspiros,
aunque con ellos te entregue mi vida.

Yo quisiera como aquella mujer
que ungió los pies de Jesús con su cabellera,
como preludio a su muerte allá en el Calvario.
Yo, como Jesús, entregaría por ti mi vida entera.

Yo quisiera darte todo lo que soy,
mi vida, mi amor, todas mis quimeras.
Yo quisiera llenar tus días de paz
y que seas feliz, es lo que quisiera.

Yo quisiera, ¿qué más yo quisiera?
Que sueñes por siempre y que así vivieras,
para que no sufras, para que no llores,
y que en tu sendero por siempre haya flores.

Yo quisiera que halles la bella flor de la vida,
esa flor que mantiene viva la ilusión,
esa flor que no tiene en su tallo espinas...
de ese jardín donde solo nacen las más bellas flores,
que son el amor y el perdón.

VÍSTEME DE AÑORANZAS

El silencio me rodea como en un torbellino
y así mismo camino, sin saber a dónde voy.
Se trastoca el sendero al marchar presurosa
y se acaba mi vida por la senda escabrosa.

Sácame del silencio que atormenta mi vida,
llena pues, mi silencio con palabras de amor
y hazme poseedora de las primeras voces
que lleguen en la brisa que nos canta en la noche.

Vísteme de añoranzas, como diosa en la playa,
hazte fauno a la orilla del mar
y llévame a tu lecho,
enciérrame en tu alcoba que ahora está vacía
y hazme tuya toda la noche,
hasta que llegue el día.

USTED

Usted me dijo ayer que me adoraba,
que por mis ojos el mundo veía,
que eran mis labios razón de más
para escribirle al amor una poesía.

Usted dijo también, yo lo recuerdo,
que era botón de flor en primavera,
canto de ruiseñor entre las ramas
y el arrullo del agua en la ribera.

Usted le hizo halagos a mi rostro,
amó mi cuerpo, mi regazo se dormía.
Me llenó de ilusiones la mirada
y engañó con su maldad el alma mía.

Usted se olvidó de aquel poema
que escribió sobre mi cuerpo enamorado,
también olvidó cuánto lo quise
y cuántas lágrimas por usted he derramado.

Yo le perdono a usted tantos engaños
porque le amé y le amo todavía.
Yo le perdono a usted, porque le juro,
que aunque me odiase usted, yo lo querría.

SIN PODER OLVIDAR

Después de aquel momento de ternura suprema,
me entregué para amarte en un éxtasis total.
Te entregué mi vida, parte de mi existencia,
como quien lo da todo, sin nada a cambio esperar.

Y me lamento a solas, llorando de amargura,
evoco ahora triste su llanto, su mirar,
su pelo, su sonrisa, aquel amor sublime,
aquel amor tan tierno que nos llevó al altar.

Me parece un mal sueño, no, es una pesadilla
y quiero despertar... aunque cuando despierte
aún esté mirando aquel hombre solitario
llorando ante una tumba... prefiero despertar.

Si esto no es un sueño, qué pena, qué amargura
y qué sabor amargo me quedará en la boca
cuando diga su nombre musitado en la soledad
y evocaré el recuerdo de la dicha vivida
para no ir llorando por la vida, sin poder olvidar.

LA QUE OLVIDA

Es la locura de morir eternamente,
de encontrar solo vacío en esta vida.
Es transformar en tristeza mi alegría,
mientras hay otro, que quizás me olvida.

Es la pena de sentir en mí latentes,
dolor, lágrimas, miedo a la muerte,
muriendo cada instante; muerta en vida,
mientras hay otro, que quizás me olvida.

Gemir, gritar y morir llorando,
caer en hoyos profundos, divagando,
regresar sin alegría a la vida,
mientras hay otro, que quizás me olvida.

Quise eternizarme en un poema,
sin haber escogido el amor como tema.
Es caminar en una calle sin salida,
mientras soy yo, esa que olvida.

NO PUEDO CALLAR

No puedo callar los versos que me fluyen al cerebro,
ni puedo callar la voz que brota de mis adentros.

No puedo callar la estrofa que se hila cual sedal,
no puedo, ni quiero callar, el verso que me ennoblece.

Ese verso que resurge como magia en mi pluma,
como la nota en la lira se parece a deletrear.

Canto, pues quiero cantar este verso que me hierve,
en mis adentros dormido cual canto primaveral.

Se abren mis labios con la dulce melodía,
en lo más profundo de mi corazón guardada,
es la tonada sutil de mi alma enamorada
que va volviéndose poesía y mi pecho no puede callar.

LOCA ESPERANZA

Acaso no merezco que se seque mi llanto,
que todo este quebranto sea una triste historia,
como aquel poema que guardo en mi memoria,
y comenzar de nuevo cantándole a la vida,
aquel bello poema; la canción más sentida
en esa amarga tristeza de mi alma dolida.

Acaso mi tristeza sea de otra alegría,
porque hay quien se goce con tu pena y la mía,
y qué cruel mi destino al llorar mi amargura,
vagando por las calles, perdida y a oscuras.
Vísteme de desvelos, vísteme de añoranzas,
para seguir llorando en silencio... esta loca esperanza.

LOCURA DE AMARTE

Y me descubro besando tus labios en la penumbra,
acariciando tus hombros, ceñida yo a tu figura,
tu virilidad prensada de mi vientre adormecido,
mientras respiras quedito en tu lecho aún dormido.

Y me extasio en la belleza de tu cuerpo, enamorada,
abrazada a tu espalda como hiedra en una rama;
beso tus ojos, tus labios, acaricio tu garganta,
enrollada a tu cuerpo, desde el cuello a tus plantas.

Y de pronto, acaricias mi cintura apretándome a ti,
despertándote del sueño, te abrazas a mi figura,
y me tomas en tus brazos, y con tu boca buscas mi boca
con pasión y con empeño, saboreando esta locura de amarte.

HE CALLADO

He visto el brillo de tu mirada entristecida,
arroparme dulcemente en la alborada.
He sentido en mi piel el calor de tu ternura
cuando reposas dulcemente en la almohada.

He callado esta pena que me agobia,
porque es que te quiero tanto todavía,
que no puedo concebir que no me ames,
que tu cuerpo no vibre con mi cercanía.

He callado tantas veces en silencio,
cuando cansado reposas a mi lado.
He secado mi llanto con tus manos
cuando en silencio las he acariciado.

He callado esta pena que me atormenta,
porque tú eres la razón de mi existencia,
y no quiero pensar que dejes de quererme;
sería yo, como una flor sin su esencia.

He amado tu cuerpo y tú has amado el mío,
has besado mis labios y yo he besado tu boca.
Eres como el mar que se mueve en las olas,
y yo soy la resaca que se estrella en las rocas.

EL AMOR QUE VENCE

Los años, como la vida misma, van pasando lentamente
y van quedando recuerdos que no olvidamos fácilmente.
Recordamos al amigo, aquel que mucho hemos querido,
ese gran primer amor que todos, alguna vez, hemos tenido.

A los padres, a los hijos, el lugar donde crecimos,
a esas personas especiales que tanto todos quisimos.
E iremos hilando sueños de esos recuerdos dormidos,
evocando tiempos pasados, nos parecerá que los vivimos.

Los años, como la vida misma, van pasando lentamente;
la vida también pasará, y entonces nos llegará la muerte.
Todos los recuerdos se irán, nada quedará en la mente,
por eso tenemos que amar, que es lo que vence a la muerte.

DESPUÉS DE HABERTE AMADO

Yo seré un ave errante
que, después de la ausencia,
regresará al nido, a su mundo,
a su patria, a sus viejos amigos.
Y extasiada en tu amor,
toda aquella tristeza
quedará en el olvido.

Y acaso, en el transcurso
de mi andar por el mundo,
me llegue el recuerdo sublime
de tus tiernas caricias,
y, como el ave fénix,
resurgiré de mis cenizas...
aferrada al amor, aferrada a la vida.

Y entonces, la alborada
alumbrará mi lecho vacío,
como antaño, en el alba,
después de haber bebido
la savia de tus labios ardientes.
Después de haberte amado,
no me importa el pasado
ni le temo a la muerte.

ÉXTASIS SUPREMO

Ayer me senté debajo del flamboyán
y medité mucho rato, allí sentada,
las ramas del flamboyán danzaban
al ritmo de la brisa del atardecer
que entre ellas suavemente retozaba.

Las flores en las ramas se movían
como bailando, alegres al mismo son
del viento al pasar entre rama y rama,
que, juguetón, por entre las verdes hojas,
con el roce de sus caricias, hacía resonar.

La semilla desgranada, como un eco,
repicando su tonada al caer sobre la tierra,
cual fondo musical del festivo baile,
inundó mi ser de una inmensa y sutil paz
que me elevó al éxtasis espiritual.

Sutil fue la melodía del flamboyán, hermoso
florecido en su máximo esplendor, tan majestuoso,
con sus ramas extendidas en un dulce abrazo
que llenó de sublime paz mi adolorido corazón
e hizo florecer en mi pecho una nueva ilusión.

LA PENA NO EXISTE

Si acaso, marchas sin rumbo por la vida,
añorando goces que nunca llegaron,
soñando alegrías que nunca tuviste.
Si acaso, caminas solo por el mundo,
llorando amarguras, cabizbajo y triste,
¡Levanta tu rostro, sonríe a la vida!

Si acaso, tus goces son cada vez menos
y de tu sonrisa solo quedan recuerdos,
no te detengas, no vuelvas la espalda,
sigue hacia adelante, no te pongas triste.
Sonríe a la vida, vive tus alegrías.
¡Sonríe, sonríe, la pena no existe!

Si acaso, cansado de esperar, te rebelas
y reniegas entonces del dolor que te devora,
¡Levántate! Cura de una vez esas heridas,
abre los ojos y recibe sonriente la aurora.
Muéstrale al dolor indiferencia, nunca tristeza.
Alza tu rostro, yergue tu figura,
la pena no existe.

AMOR INOLVIDABLE

Fue para mí tu amor como algo irrealizable.
Te soñé, mucho antes de tenerte entre mis brazos.
Tengo la certeza de que tú también me amaste,
pero sé que no fui para ti ese amor inolvidable.

Ese amor que nos cala desde adentro y nos sacia,
que nos llena de alegrías y place los sentimientos.
Ese amor que te turba los sentidos suavemente,
alentándonos a vivir, a pesar de la distancia.

Que deja en nuestros labios el sabor del dulce beso,
haciendo imborrable el más mínimo de los recuerdos.
Anhelando cada minuto compartir los goces nuevos,
vagando tras los sueños, enamorados cual posesos.

AMOR PROHIBIDO

Mírame, y descubre en lo profundo
el dolor de este amor imposible,
que se entrega en su esterilidad,
anhelando, tal vez, volverse fecundo.

Poséeme y descubre en mis caricias
la angustia de esta posesión;
que se desborda a torrentes, extasiada,
plena de delicias.

Ámame y descubre que me adoras
locamente en lo prohibido;
deseando que este apasionado amor
nos consuma entre sus llamas.

Olvídame y descubre en ese olvido
que me diste, lo que jamás tuviste:
fue el calor de un amor prohibido,
la ansiedad de un amor imposible.

MAÑANA

Mañana será otro día...
otras flores adornarán mi jardín,
y enterraré tu recuerdo
como se entierran los muertos.
Lloraré por ti, como en una tumba,
y comenzaré a ser feliz.

Mañana será otra aurora...
la que rayará en mi ventana,
y en otros brazos despertaré;
como quien navega por mares lejanos,
que regresando al puerto se alista
para zarpar otra vez.

Mañana será otro hombre...
el que susurre, quedo, en mi oído,
y será otra la boca que besaré,
con la misma pasión de antaño.
Sé que así, me llegará el olvido,
y en otros labios, tu recuerdo borraré…

CAPÍTULO VI:

LA ENTREGA

Le doy a mi vida un significado, entrego mi amor,
entrego mi vida a los que amo. La vida me devuelve
lo que me quitó, me entrega lo que es mío.
Valoro mi familia, valoro mis amigos, me doy el valor
que tengo como hija, madre, esposa, amiga... como mujer.
Entrego mis sueños al escribir lo que siento,
entrego mi amor en cada uno de los versos
que se entrelazan para crear un poema.

VOLVERÁS

Yo sé que volverás, pues me sigues amando
a pesar de los años que han pasado por ti.
Aún sigues recordando aquel amor de antaño,
aquel amor prohibido que te hizo feliz.

Yo sé que volverás, pues sigues recordando
y recuerdas mis labios, los tuyos al besar,
recuerdas mi cuerpo reposando en el lecho
y la forma de amarnos, no has podido olvidar.

Yo deseo que vuelvas, pues te sigo esperando,
a pesar de la ausencia que he tenido de ti.
Aún sigo recordando tu amor apasionado,
aquel amor prohibido que me hizo feliz.

No sé si volverás, pero sigo aguardando,
soñando que recuerdas nuestra felicidad,
que nunca has olvidado mis besos y mi entrega,
y que, como me amas, yo sé que volverás.

DULCE CANCIÓN

Escucha este canto, que entono temprano,
como el dulce eco de este bello amor.
Acércate a mi pecho, recuesta ahí tu cabeza,
déjame, que con ternura yo calme tu dolor.

Aprieta mis manos fuertemente entre las tuyas,
observa mi rostro con una mirada de pasión.
Cúbreme con tus besos los ojos, la boca;
hínchame de ansias y después, hazme el amor.

Sobre tu hermosa figura marcaré mil trazos,
asida a tu cuerpo, vibraré llena de emoción.
Cantaré bajito esa melodía que llevo en el alma,
ese sentimiento de amor innato, una dulce canción.

EL CANTO DEL RÍO

Por lo bajo me llega el eco retozón
de la risa del agua que corre apresurada
por entre el roquedal en el lecho del río,
cantándole a la tarde que arropa la montaña,
cantándole a la niebla que cubre el platanal.

Y se escucha ese canto por toda la campiña,
retozando en el valle las flores veo danzar;
bailando al compás de la música del agua,
los peces de colores parecen marear.

¡Qué linda melodía el susurro del agua!
Corriendo apresurada por entre el roquedal,
y lleva en la corriente un canto de alegría
que va llenando el campo con su felicidad.

Es el canto del agua el que llevo en el pecho,
el canto ilusionado de cuando se aprende a amar,
y me recorre el cuerpo, de los pies a la cabeza,
inundándome el alma con ansias de eternidad.

AMARGA PENA MIA

En la penumbra escribo
los versos de una poesía,
y los he mojado con llanto,
tristes lágrimas las mías.

Tonto puede parecer
que llorando hoy escriba
lo que me destroza el alma
y me hace escribir poesía.

Es una pena tan honda,
esta amarga pena mía,
penas de amores las llamo.
¿De qué otro modo las llamaría?

Donde he ganado unos hijos
que justamente yo merecía,
el regalo más hermoso
que por amor yo me hacía.

Y esta pena está latente,
esta amarga pena mía,
que no se acaba en un verso,
porque te amo todavía.

DULCE SUEÑO

Detrás del horizonte azul de mis recuerdos,
se esconde una añoranza, una quimera,
un ansia de pasiones contenidas,
un sueño, una ilusión de quinceañera.

Y desde el fondo mismo de ese sueño,
surge el deseo incontenible de volver a amar,
y busco entonces un alma gemela,
para tener de este sueño hermoso despertar.

Se agolpan en mi pecho sensaciones,
e imagino encuentros de amor tormentosos.
Más no hallo desahogo a esta pena,
donde tengo los sueños más hermosos.

Sueño irrealizable, sueño inolvidable,
y en mi sueño, amor, anhelo encontrarte
para saciar esta sed de amar incontrolable.
Quiero despertar y amar, aunque sea un instante.

CUANDO LLEGA EL OLVIDO

Un beso, nada más, y márchate,
dime adiós, y que sea para siempre.
No vuelvas a buscarme jamás, no vuelvas,
ya no puedo quererte.

Un adiós, nada más, y déjame,
parte sin regreso, por ese camino.
No mires atrás de tus pasos,
márchate, busca tu destino.

Un recuerdo, nada más, y olvídame,
que no te torturen los sueños perdidos.
Todo se restaura al pasar el tiempo,
todo se remedia y llega el olvido.

Márchate, no puedo seguirte amando,
que me duele este amor ingrato.
Poco a poco te iré olvidando,
en el remanso, tal vez, de otros brazos.

SOÑAR

Soñar, soñar que me quieres,
soñar que tus besos son míos.
Soñar, soñar que me quieres,
y en mis sueños, yo sonrío.

Sentir que nuestras vidas
tienen fijada la misma meta,
que nuestros corazones laten acompasadamente,
al unísono.

Que tus miradas son mis miradas,
que cuando sueñas, sueñas conmigo,
que cuando besas, a mí me besas
en mi sueño, solo sueño contigo.

Olvidaré del presente,
abrazaré el futuro soñando
con nuestro amor limpio, sincero y puro.

CAPÍTULO VII:

LOS RECUERDOS

Quiero vivir en el recuerdo de los que amo y me aman.
Quedará mi recuerdo en tu memoria, cuando en un verso
resurja la poesía, cuando en ese verso sientas la intimidad,
la esencia del sentimiento expresado en unas estrofas.

Quedará mi recuerdo muy dentro de ti,
cuando recites mis poemas,
me quedaré en ti, en tu memoria, en tu ser...
en tus recuerdos.

¡Quedará mi recuerdo!

QUEDARÁ MI RECUERDO

Yo sé que mi recuerdo estará en tu memoria
y sé que mi presencia vivirá en tu soñar;
pero todo será inútil al seguir recordando,
yo soy como la ola, que siempre vuelve al mar.

Yo sé que mi mirada quedará en tus pupilas
y que, al mirar a otras, a mi rostro mirarás,
pero resultará en vano que me sigas evocando;
yo soy como la luna, nunca gira hacia atrás.

Yo sé que de mis labios añorarás los besos
y el cáliz, cual veneno, de mi boca desearás;
pero serán anhelos, memorias solamente;
no se vive de sueños, es cruel el despertar.

Yo sé que con la brisa te llegará mi aroma,
la esencia de mi cuerpo en otras buscarás;
evocando el perfume de rosas, de narcisos,
y aunque ames a otras, solo a mí me amarás.

YA SE ESCUCHA EL SILENCIO

Ya se escucha el silencio y la pena me ahoga,
se ha tendido la noche sobre el lecho en mi alcoba.
Te has dormido, ya se escucha el silencio,
y esta amarga pena me ahoga.

Se ha callado el bullicio, nada se escucha ahora.
¡Qué dolor, qué amargura, qué pena desgarradora!
Ya se escucha el silencio tras la puerta cerrada
y me va doliendo el alma, el cuerpo y la mirada.

Ya se escucha el silencio... en el rugir de la sangre
que corre por mis venas, el llanto, la amargura
y esta pena que me ahoga. Me tortura el silencio
en la noche y mañana.

Tú duermes en el lecho, y ahí se tienden las sombras,
la silueta de tu figura se enmarca en nuestra alcoba.
Ya se escucha el silencio y musito por lo bajo mil cosas
ocultas detrás de mi mirada hay de una pena honda.

Y se escucha como un grito la pasión devastadora
y el silencio va creciendo en esta ansia que me ahoga.
Después de la penumbra, rayará al fin la aurora
y la noche tendida aún sigue en nuestra alcoba.

Deseo yo tenderme... como una virgen allí
en la playa hermosa, y sentirme poseída
por las olas del mar sobre la arena.
Y me ahogan las ansias, y me duelen las penas.

Ya se escucha el silencio... el rugir del mar,
de sus aguas tenebrosas, y la aurora va vagando
en la noche, con un rayo de sol rompiendo
con la alborada la inmensa oscuridad.

Ya no se escucha el silencio, por fin ha amanecido.
La noche ya se ha muerto y yo me voy muriendo
de ansias de abrazarte, de ansias de tenerte
y en el lecho ya frío, como cada noche, tú duermes.

Despiértate, amor mío, que ha llegado la alborada.
Ya no habrá más silencios que separen nuestros cuerpos
y nos dolerá en los ojos la aurora, el destello de la mañana,
y serás mío en el silencio... cuando la noche se tienda
otra vez sobre la playa.

ATRAPADA

Un destello de luz desgarra la noche,
los truenos retumban en la lejanía.
La lluvia me moja, de pie ante tu puerta,
el relámpago la noche convierte en día.

Tu silueta se dibuja al ir abriendo la puerta
y el destello fulgurante te ilumina de repente.
Otra vez he regresado, como náufrago perdido,
que navega en el mar, escapando de la muerte.

La puerta tras nosotros se ha cerrado lentamente
y mi barco ha quedado encallado en la playa,
sin rumbo ni capitán, porque yo estoy a tu lado,
atrapada por tu amor, como pez entre la malla.

SOLO ME QUEDA

Solo me queda el recuerdo
que no ha borrado el olvido,
nada más, eso me queda,
lo demás ya lo he perdido.

Solo me queda aquel beso
que nos dimos una noche,
la noche cuando me entregué
a tu amor, sin un reproche.

Solo me queda este llanto
que ha brotado de mis ojos,
la tristeza y la amargura
de este camino de abrojos.

Solo me queda el recuerdo
de aquel amor tan hermoso;
aun aferrada vivo a él,
y por eso es que a solas lloro.

PARA MÍ NO SALDRÁ EL SOL

Después de la noche, llegará la mañana,
después de tu partida, quizás no salga el sol.
Tal vez no haya luna cuando llegue otra noche,
en mí ya no habría vida si me faltara tu amor.

Cuando te evoco a solas, soñando tus caricias,
me parece tan triste que junto a mí no estés hoy.
Me duermo evocando tus besos, evoco tus caricias...
¡Qué sola me dejaste, amor! ¡Qué sola estoy!

¡Qué sola me has dejado!
Sin tu tierna sonrisa me parece vacío todo lo que hay a mi alrededor.
Anhelo tu mirada tan dulce, perdiéndose en mis ojos,
el sabor de tu boca y tus besos tan llenos de pasión.

Mañana será otra aurora la que raye en mi ventana,
después de las largas noches, tan llenas de dolor.
Habrá otras mañanas, pero igualmente vacías,
hasta que tú regreses, para mí no saldrá el sol.

MI PROMESA

De pronto, te sé perdido, ¡cómo duele!
Más no creo que por esto halle olvido,
te sigo amando a pesar de todo,
porque no se olvida de pronto lo vivido.

Sé que ahora no compartirás mi lecho.
Sé que ahora, otra besará tu boca,
mientras yo, furtivamente en el recuerdo,
seré una añoranza que tú evocarás.

Pero tal vez mañana, con la aurora,
renazca una ilusión cual la vez primera,
llenando de alegría mi dolido corazón,
y nuevamente mi jardín florecerá.

De pronto, te sé perdido, y aún duele,
más no creo que me muera de tristeza.
Secaré mi llanto, levantaré el rostro,
dejaré de amarte, esa es mi promesa.

ETERNIDAD

Quise eternizarme en un poema,
le canté a Dios y a la naturaleza.
Canto de amor hice para mi tierra,
evocando en mis versos su belleza.

Al amor filial y al traicionero canté,
en mis versos canté también mis agonías.
Para quedarme en tu memoria,
escribí todo lo que guardaba el alma mía.

Y evoqué mil recuerdos del pasado
en las líneas que hoy llaman poesía;
canté a las penas, al dolor, a la tristeza,
canté también con entusiasmo a la alegría.

Quise eternizarme y escribí un poema,
empeñé todo mi esfuerzo para hacerlo.
Mañana espero que, al recordarme,
lo hagan al evocarme en unos versos.

EN UNA CANCIÓN

Yo sé que siempre estaré en tu memoria
en cada instante de tu vida.
De mí te acordarás,
has de voltear el rostro buscando el olvido
y al encontrarte solo, mi ausencia llorarás.

Evocarás las horas de amor que compartimos,
el calor de mis besos, mi pasión.
Añorarás, y al recostar tu cuerpo cansado
sobre el lecho, en un sueño sublime, mi amor recordarás.

Yo sé que algún día, cansado del silencio
de tus noches vacías, solitarias de amor,
te traerá a mi lado tu mente,
en un recuerdo que mitigará, al hacerlo, tus horas de dolor.

Y desearás quedarte por siempre en mi regazo,
saboreando de mis labios el néctar de pasión,
pero habrás de seguirme evocando en el silencio,
cuando escuches la música sutil de una canción.

ETERNO RAYO DE SOL

Cuando cese en mí la esencia de la vida
y vuele mi alma entonces a la eternidad,
yo seré como el trinar de un ave en la fronda,
seré el susurro de la brisa allá en la inmensidad.

Flotaré cual guajana de la flor de la caña,
seré el eco sordo del agua en el roquedal,
seré la leve brisa que te acariciará el rostro
o la humedad sublime de la llovizna otoñal.

Cuando cese en mí la esencia de la vida,
llorarás solitario en un llanto muy quedo,
yo seré esa lágrima que suavemente bajará
por tu rostro entristecido, a tus labios resecos.

Y allí seré un tierno beso, ese último beso
que sellará nuestro gran amor para siempre,
uniéndome a ti con ese beso eternamente,
y aunque no esté, nunca dejarás de quererme.

Seré, después de tu llanto, el dulce consuelo
en las noches serenas cuando evoques mi amor.
Seré el recuerdo grato de aquel amor hermoso.
Seré, en cada mañana, un eterno rayo de sol.

YA TE HAS IDO

Ya te has ido, he cerrado la puerta.
No sé por qué te marchas.
No sé si volverás,
pero sé que, en mi lecho, con tu partida,
sobre la almohada, tu huella quedará.

Te has ido y me he quedado sola,
no sé si más que antes, o como nunca más.
Pero sigo esperando que se abra la puerta
y con paso seguro, tú cruces el umbral.

Ya te has ido y he echado el cerrojo tras la puerta cerrada,
por temor de esperar. Y espero tu regreso cada noche,
soñando tus caricias. No sé si volverás.

Ya te has ido, aún aspiro tu esencia
en la penumbra de mi alcoba, perdida
entre las sombras, lloro en silencio
la pena latente de tu cruel despedida.

ASÍ... SENCILLAMENTE

Pasarán los años y pasará la vida,
mis recuerdos se borrarán de ti,
como se borran las huellas
en las secas arenas del desierto.
Así, sencillamente, te olvidarás de mí.

Pasará el tiempo, señalando el olvido,
y, como todo acaba, también hay que olvidar.
No se vive evocando el pasado ya ido,
y por ley de la vida, todo ha de terminar.

Pasará mi recuerdo como el pasar de la brisa,
que marcha presurosa, no se sabe a qué lugar.
Despertarán nostalgias, que te serán dolorosas,
y evocarás recuerdos que quieres olvidar.

Y pasarán los años, sin apenas sentirlos,
serán tristes tus horas al rayar el cenit,
pues en tu mente, dolerán recuerdos olvidados
y así, sencillamente, te acordarás de mí.

POEMA DEL RETORNO

Ave inocente, que en busca de un nido
en mis ramas viejas detuviste el vuelo,
y hoy, igual que antes, te alejas,
oteando horizontes, tus alas alzando,
huyendo hacia el cielo.

Dejaste en mis ramas el calor de tu cuerpo,
marchaste, olvidando pronto que te di mi todo.
Llevaste en tu pico el sabor de amarme,
el néctar de mis flores, todo mi tesoro.

Han pasado los años, se ha doblado mi tronco,
mis verdes ramas hoy marchitas están;
siento la nostalgia de que, lejano,
en mis viejas ramas vuelvas a posar.

Acaricia las hojas que olvidaste,
ave inocente, picotea acariciante mis ramas;
dame calor,
envuélveme con ese recuerdo imborrable
de aquel día en que llegaste, buscando amor.

RECUÉRDAME
CUANDO YA NO ESTÉ...

Cuando ya no esté a tu lado,
recuérdame… al contemplar
cómo se unen el cielo y el mar
en la distancia.

En la caricia sutil del viento
que sentirás en tu rostro,
o en la música… de las aves el trino
al reposar en el marco de tu ventana.

Recuérdame, pegada a ti,
acurrucada a tu lado en la alborada,
metida en tu costado…
Recuérdame, si es que aún me amas.

***

Made in the USA
Columbia, SC
27 February 2025

54464808R10074